TRANZLATY
El idioma es para todos
Η γλώσσα είναι για όλους

La Bella y la Bestia

Η Πεντάμορφη και το Τέρας

Gabrielle-Suzanne Barbot de Villeneuve

Español / Ελληνικά

Copyright © 2025 Tranzlaty
All rights reserved
Published by Tranzlaty
ISBN: 978-1-80572-078-2
Original text by Gabrielle-Suzanne Barbot de Villeneuve
La Belle et la Bête
First published in French in 1740
Taken from The Blue Fairy Book (Andrew Lang)
Illustration by Walter Crane
www.tranzlaty.com

Había una vez un rico comerciante
Κάποτε ήταν ένας πλούσιος έμπορος
Este rico comerciante tuvo seis hijos.
αυτός ο πλούσιος έμπορος είχε έξι παιδιά
Tenía tres hijos y tres hijas.
είχε τρεις γιους και τρεις κόρες
No escatimó en gastos para su educación
δεν γλίτωσε κανένα κόστος για την εκπαίδευσή τους
Porque era un hombre sensato
γιατί ήταν άνθρωπος με λογική
pero dio a sus hijos muchos siervos
αλλά έδωσε στα παιδιά του πολλούς υπηρέτες
Sus hijas eran extremadamente bonitas
οι κόρες του ήταν εξαιρετικά όμορφες
Y su hija menor era especialmente bonita.
και η μικρότερη κόρη του ήταν ιδιαίτερα όμορφη
Desde niña ya admiraban su belleza
ως παιδί η ομορφιά της ήταν ήδη θαυμαστή
y la gente la llamaba por su belleza
και ο κόσμος την αποκαλούσε με την ομορφιά της
Su belleza no se desvaneció a medida que envejecía.
η ομορφιά της δεν έσβησε καθώς μεγάλωνε
Así que la gente seguía llamándola por su belleza.
έτσι ο κόσμος την αποκαλούσε με την ομορφιά της
Esto puso muy celosas a sus hermanas.
αυτό έκανε τις αδερφές της να ζηλεύουν πολύ
Las dos hijas mayores tenían mucho orgullo.
οι δύο μεγαλύτερες κόρες είχαν μεγάλη υπερηφάνεια
Su riqueza era la fuente de su orgullo.
ο πλούτος τους ήταν η πηγή της υπερηφάνειάς τους
y tampoco ocultaron su orgullo
και δεν έκρυψαν ούτε την περηφάνια τους
No visitaron a las hijas de otros comerciantes.
δεν επισκέφτηκαν τις κόρες άλλων εμπόρων
Porque sólo se encuentran con la aristocracia.
γιατί συναντιούνται μόνο με την αριστοκρατία

Salían todos los días a fiestas.
έβγαιναν κάθε μέρα σε πάρτι
bailes, obras de teatro, conciertos, etc.
μπάλες, θεατρικές παραστάσεις, συναυλίες και ούτω καθεξής
y se rieron de su hermana menor
και γέλασαν με τη μικρότερη αδερφή τους
Porque pasaba la mayor parte del tiempo leyendo
γιατί τον περισσότερο χρόνο της τον περνούσε διαβάζοντας
Era bien sabido que eran ricos
ήταν γνωστό ότι ήταν πλούσιοι
Así que varios comerciantes eminentes pidieron su mano.
έτσι αρκετοί επιφανείς έμποροι ζήτησαν το χέρι τους
pero dijeron que no se iban a casar
αλλά είπαν ότι δεν πρόκειται να παντρευτούν
Pero estaban dispuestos a hacer algunas excepciones.
αλλά ήταν έτοιμοι να κάνουν κάποιες εξαιρέσεις
"Quizás podría casarme con un duque"
«Ίσως θα μπορούσα να παντρευτώ έναν Δούκα»
"Supongo que podría casarme con un conde"
«Υποθέτω ότι θα μπορούσα να παντρευτώ έναν κόμη»
Bella agradeció muy civilizadamente a quienes le propusieron matrimonio.
Η ομορφιά ευχαρίστησε πολύ πολιτισμένα όσους της έκαναν πρόταση γάμου
Ella les dijo que todavía era demasiado joven para casarse.
τους είπε ότι ήταν ακόμα πολύ μικρή για να παντρευτεί
Ella quería quedarse unos años más con su padre.
ήθελε να μείνει μερικά χρόνια ακόμα με τον πατέρα της
De repente el comerciante perdió su fortuna.
Μονομιάς ο έμπορος έχασε την περιουσία του
Lo perdió todo excepto una pequeña casa de campo.
έχασε τα πάντα εκτός από ένα μικρό εξοχικό
Y con lágrimas en los ojos les dijo a sus hijos:
και είπε στα παιδιά του με δάκρυα στα μάτια:
"Tenemos que ir al campo"

"Πρέπει να πάμε στην επαρχία"
"y debemos trabajar para vivir"
«Και πρέπει να δουλέψουμε για τη ζωή μας»
Las dos hijas mayores no querían abandonar el pueblo.
οι δύο μεγαλύτερες κόρες δεν ήθελαν να φύγουν από την πόλη
Tenían varios amantes en la ciudad.
είχαν αρκετούς εραστές στην πόλη
y estaban seguros de que uno de sus amantes se casaría con ellos
και ήταν σίγουροι ότι ένας από τους εραστές τους θα τους παντρευόταν
Pensaban que sus amantes se casarían con ellos incluso sin fortuna.
νόμιζαν ότι οι εραστές τους θα τους παντρευόντουσαν ακόμη και χωρίς περιουσία
Pero las buenas damas estaban equivocadas.
αλλά οι καλές κυρίες έκαναν λάθος
Sus amantes los abandonaron muy rápidamente
οι εραστές τους τα εγκατέλειψαν πολύ γρήγορα
porque ya no tenían fortuna
γιατί δεν είχαν πια περιουσίες
Esto demostró que en realidad no eran muy queridos.
Αυτό έδειξε ότι δεν τους άρεσαν πραγματικά
Todos dijeron que no merecían compasión.
όλοι είπαν ότι δεν τους αξίζει να τους λυπούνται
"Nos alegra ver su orgullo humillado"
«Χαιρόμαστε που βλέπουμε την υπερηφάνεια τους να ταπεινώνεται»
"Que se sientan orgullosos de ordeñar vacas"
«Ας είναι περήφανοι που αρμέγουν αγελάδες»
Pero estaban preocupados por Bella.
αλλά ανησυχούσαν για την ομορφιά
Ella era una criatura tan dulce
ήταν ένα τόσο γλυκό πλάσμα
Ella hablaba tan amablemente a la gente pobre.

μιλούσε τόσο ευγενικά στους φτωχούς ανθρώπους
Y ella era de una naturaleza tan inocente.
και ήταν τόσο αθώα
Varios caballeros se habrían casado con ella.
Θα την είχαν παντρευτεί αρκετοί κύριοι
Se habrían casado con ella aunque fuera pobre
θα την είχαν παντρευτεί κι ας ήταν φτωχή
pero ella les dijo que no podía casarlos
αλλά τους είπε ότι δεν μπορούσε να τους παντρευτεί
porque ella no dejaría a su padre
γιατί δεν θα άφηνε τον πατέρα της
Ella estaba decidida a ir con él al campo.
ήταν αποφασισμένη να πάει μαζί του στην εξοχή
para que ella pudiera consolarlo y ayudarlo
για να μπορέσει να τον παρηγορήσει και να τον βοηθήσει
La pobre belleza estaba muy triste al principio.
Η φτωχή ομορφιά στην αρχή λυπήθηκε πολύ
Ella estaba afligida por la pérdida de su fortuna.
λυπήθηκε για την απώλεια της περιουσίας της
"Pero llorar no cambiará mi suerte"
"αλλά το κλάμα δεν θα αλλάξει την τύχη μου"
"Debo intentar ser feliz sin riquezas"
«Πρέπει να προσπαθήσω να κάνω τον εαυτό μου ευτυχισμένο χωρίς πλούτη»
Llegaron a su casa de campo
ήρθαν στο εξοχικό τους
y el comerciante y sus tres hijos se dedicaron a la agricultura
και ο έμπορος και οι τρεις γιοι του ασχολήθηκαν με την κτηνοτροφία
Bella se levantó a las cuatro de la mañana.
η ομορφιά ανέβηκε στις τέσσερις το πρωί
y se apresuró a limpiar la casa
κι εκείνη έσπευσε να καθαρίσει το σπίτι
y se aseguró de que la cena estuviera lista
και φρόντισε να είναι έτοιμο το δείπνο
Al principio encontró su nueva vida muy difícil.

στην αρχή βρήκε τη νέα της ζωή πολύ δύσκολη
porque no estaba acostumbrada a ese tipo de trabajo
γιατί δεν είχε συνηθίσει σε τέτοια δουλειά
Pero en menos de dos meses se hizo más fuerte.
αλλά σε λιγότερο από δύο μήνες δυνάμωσε
Y ella estaba más sana que nunca.
και ήταν πιο υγιής από ποτέ
Después de haber hecho su trabajo, leyó
αφού είχε κάνει τη δουλειά της διάβασε
Ella tocaba el clavicémbalo
έπαιζε στο τσέμπαλο
o cantaba mientras hilaba seda
ή τραγουδούσε ενώ κλωσούσε μετάξι
Por el contrario, sus dos hermanas no sabían cómo pasar el tiempo.
αντίθετα οι δύο αδερφές της δεν ήξεραν πώς να περνούν την ώρα τους
Se levantaron a las diez y no hicieron nada más que holgazanear todo el día.
σηκώθηκαν στις δέκα και δεν έκαναν τίποτα άλλο από το να τεμπελιάζουν όλη μέρα
Lamentaron la pérdida de sus hermosas ropas.
θρηνούσαν για την απώλεια των καλών ρούχων τους
y se quejaron de perder a sus conocidos
και παραπονέθηκαν ότι έχασαν τους γνωστούς τους
"Mirad a nuestra hermana menor", se dijeron.
«Ρίξτε μια ματιά στη μικρότερη αδερφή μας», είπαν μεταξύ τους
"¡Qué criatura tan pobre y estúpida es!"
"Τι φτωχό και ανόητο πλάσμα είναι"
"Es mezquino contentarse con tan poco"
"είναι κακό να αρκεστείς σε τόσο λίγα"
El amable comerciante tenía una opinión muy diferente.
ο ευγενικός έμπορος είχε εντελώς διαφορετική γνώμη
Él sabía muy bien que Bella eclipsaba a sus hermanas.
ήξερε πολύ καλά ότι η ομορφιά ξεπέρασε τις αδερφές της

Ella los eclipsó tanto en carácter como en mente.
τους ξεπέρασε τόσο στο χαρακτήρα όσο και στο μυαλό
Él admiraba su humildad y su arduo trabajo.
θαύμαζε την ταπεινοφροσύνη και τη σκληρή δουλειά της
Pero sobre todo admiraba su paciencia.
αλλά περισσότερο από όλα θαύμαζε την υπομονή της
Sus hermanas le dejaron todo el trabajo por hacer.
οι αδερφές της της άφησαν όλη τη δουλειά
y la insultaban a cada momento
και την έβριζαν κάθε στιγμή
La familia había vivido así durante aproximadamente un año.
Η οικογένεια είχε ζήσει έτσι για περίπου ένα χρόνο
Entonces el comerciante recibió una carta de un contable.
τότε ο έμπορος πήρε ένα γράμμα από έναν λογιστή
Tenía una inversión en un barco.
είχε μια επένδυση σε ένα πλοίο
y el barco había llegado sano y salvo
και το πλοίο είχε φτάσει με ασφάλεια
Esta noticia hizo que las dos hijas mayores se volvieran locas.
Τα νέα του γύρισαν τα κεφάλια των δύο μεγαλύτερων κορών
Inmediatamente tuvieron esperanzas de regresar a la ciudad.
είχαν αμέσως ελπίδες να επιστρέψουν στην πόλη
Porque estaban bastante cansados de la vida en el campo.
γιατί ήταν αρκετά κουρασμένοι από τη ζωή της επαρχίας
Fueron a ver a su padre cuando él se iba.
πήγαν στον πατέρα τους καθώς έφευγε
Le rogaron que les comprara ropa nueva
τον παρακάλεσαν να τους αγοράσει καινούργια ρούχα
Vestidos, cintas y todo tipo de cositas.
φορέματα, κορδέλες και κάθε λογής μικροπράγματα
Pero Bella no pedía nada.
αλλά η ομορφιά δεν ζήτησε τίποτα
Porque pensó que el dinero no sería suficiente.

γιατί πίστευε ότι τα χρήματα δεν επρόκειτο να είναι αρκετά

No habría suficiente para comprar todo lo que sus hermanas querían.

δεν θα ήταν αρκετό για να αγοράσει όλα όσα ήθελαν οι αδερφές της

- ¿Qué te gustaría, Bella? -preguntó su padre.

«Τι θα ήθελες, ομορφιά;» ρώτησε ο πατέρας της

"Gracias, padre, por la bondad de pensar en mí", dijo.

«Σε ευχαριστώ, πατέρα, για την καλοσύνη να με σκέφτεσαι», είπε

"Padre, ten la amabilidad de traerme una rosa"

"Πατέρα, να είσαι τόσο ευγενικός να μου φέρεις ένα τριαντάφυλλο"

"Porque aquí en el jardín no crecen rosas"

"γιατί δεν φυτρώνουν τριαντάφυλλα εδώ στον κήπο"

"y las rosas son una especie de rareza"

"και τα τριαντάφυλλα είναι ένα είδος σπανιότητας"

A Bella realmente no le importaban las rosas

η ομορφιά δεν νοιαζόταν πραγματικά για τα τριαντάφυλλα

Ella solo pidió algo para no condenar a sus hermanas.

ζήτησε μόνο κάτι για να μην καταδικάσει τις αδερφές της

Pero sus hermanas pensaron que ella pidió rosas por otros motivos.

αλλά οι αδερφές της νόμιζαν ότι ζήτησε τριαντάφυλλα για άλλους λόγους

"Lo hizo sólo para parecer especial"

"Το έκανε για να φαίνεται ιδιαίτερο"

El hombre amable continuó su viaje.

Ο ευγενικός άνθρωπος πήγε στο ταξίδι του

pero cuando llego discutieron sobre la mercancia

αλλά όταν έφτασε μάλωναν για το εμπόρευμα

Y después de muchos problemas volvió tan pobre como antes.

και μετά από πολύ κόπο γύρισε φτωχός όπως πριν

Estaba a un par de horas de su propia casa.

ήταν μέσα σε λίγες ώρες από το σπίτι του
y ya imaginaba la alegría de ver a sus hijos
και φαντάστηκε ήδη τη χαρά που έβλεπε τα παιδιά του
pero al pasar por el bosque se perdió
αλλά περνώντας μέσα από το δάσος χάθηκε
Llovió y nevó terriblemente
έβρεχε και χιόνιζε τρομερά
El viento era tan fuerte que lo arrojó del caballo.
ο αέρας ήταν τόσο δυνατός που τον πέταξε από το άλογό του
Y la noche se acercaba rápidamente
και η νύχτα ερχόταν γρήγορα
Empezó a pensar que podría morir de hambre.
άρχισε να σκέφτεται ότι μπορεί να πεινάει
y pensó que podría morir congelado
και σκέφτηκε ότι μπορεί να παγώσει μέχρι θανάτου
y pensó que los lobos podrían comérselo
και σκέφτηκε ότι μπορεί να τον φάνε οι λύκοι
Los lobos que oía aullar a su alrededor
οι λύκοι που άκουγε να ουρλιάζουν γύρω του
Pero de repente vio una luz.
αλλά ξαφνικά είδε ένα φως
Vio la luz a lo lejos entre los árboles.
είδε το φως από μακριά μέσα από τα δέντρα
Cuando se acercó vio que la luz era un palacio.
όταν πλησίασε είδε ότι το φως ήταν ένα παλάτι
El palacio estaba iluminado de arriba a abajo.
το παλάτι ήταν φωτισμένο από πάνω μέχρι κάτω
El comerciante agradeció a Dios por su suerte.
ο έμπορος ευχαρίστησε τον Θεό για την τύχη του
y se apresuró a ir al palacio
και έσπευσε στο παλάτι
Pero se sorprendió al no ver gente en el palacio.
αλλά έμεινε έκπληκτος που δεν είδε κανέναν κόσμο στο παλάτι
El patio estaba completamente vacío.

η αυλή του δικαστηρίου ήταν εντελώς άδεια
y no había señales de vida en ninguna parte
και δεν υπήρχε πουθενά σημάδι ζωής
Su caballo lo siguió hasta el palacio.
το άλογό του τον ακολούθησε στο παλάτι
y luego su caballo encontró un gran establo
και τότε το άλογό του βρήκε μεγάλο στάβλο
El pobre animal estaba casi muerto de hambre.
το καημένο ζώο είχε σχεδόν πεινάσει
Entonces su caballo fue a buscar heno y avena.
έτσι το άλογό του μπήκε να βρει σανό και βρώμη
Afortunadamente encontró mucho para comer.
ευτυχώς βρήκε πολλά να φάει
y el mercader ató su caballo al pesebre
και ο έμπορος έδεσε το άλογό του στη φάτνη
Caminando hacia la casa no vio a nadie.
Προχωρώντας προς το σπίτι δεν είδε κανέναν
Pero en un gran salón encontró un buen fuego.
αλλά σε μια μεγάλη αίθουσα βρήκε μια καλή φωτιά
y encontró una mesa puesta para uno
και βρήκε ένα τραπέζι στρωμένο για έναν
Estaba mojado por la lluvia y la nieve.
ήταν βρεγμένος από τη βροχή και το χιόνι
Entonces se acercó al fuego para secarse.
έτσι πήγε κοντά στη φωτιά να στεγνώσει
"Espero que el dueño de la casa me disculpe"
«Ελπίζω ο κύριος του σπιτιού να με συγχωρέσει»
"Supongo que no tardará mucho en aparecer alguien"
«Υποθέτω ότι δεν θα αργήσει να εμφανιστεί κάποιος»
Esperó un tiempo considerable
Περίμενε αρκετή ώρα
Esperó hasta que dieron las once y todavía no venía nadie.
περίμενε μέχρι να χτυπήσει έντεκα, και ακόμα κανείς δεν ήρθε
Al final tenía tanta hambre que no podía esperar más.
επιτέλους ήταν τόσο πεινασμένος που δεν μπορούσε να

περιμένει άλλο
Tomó un poco de pollo y se lo comió en dos bocados.
πήρε λίγο κοτόπουλο και το έφαγε σε δύο μπουκιές
Estaba temblando mientras comía la comida.
έτρεμε ενώ έτρωγε το φαγητό
Después de esto bebió unas copas de vino.
μετά από αυτό ήπιε μερικά ποτήρια κρασί
Cada vez más valiente, salió del salón.
όλο και πιο θαρραλέος βγήκε από την αίθουσα
y atravesó varios grandes salones
και διέσχισε πολλές μεγάλες αίθουσες
Caminó por el palacio hasta llegar a una cámara.
περπάτησε μέσα από το παλάτι μέχρι που μπήκε σε μια κάμαρα
Una habitación que tenía una cama muy buena.
ένας θάλαμος που είχε ένα πολύ καλό κρεβάτι μέσα του
Estaba muy fatigado por su terrible experiencia.
ήταν πολύ κουρασμένος από τη δοκιμασία του
Y ya era pasada la medianoche
και η ώρα ήταν ήδη μεσάνυχτα
Entonces decidió que era mejor cerrar la puerta.
οπότε αποφάσισε ότι ήταν καλύτερο να κλείσει την πόρτα
y concluyó que debía irse a la cama
και κατέληξε στο συμπέρασμα ότι έπρεπε να πάει για ύπνο
Eran las diez de la mañana cuando el comerciante se despertó.
Ήταν δέκα το πρωί όταν ξύπνησε ο έμπορος
Justo cuando iba a levantarse vio algo
την ώρα που επρόκειτο να σηκωθεί είδε κάτι
Se sorprendió al ver un conjunto de ropa limpia.
έμεινε έκπληκτος βλέποντας ένα καθαρό σετ ρούχων
En el lugar donde había dejado su ropa sucia.
στο μέρος που είχε αφήσει τα βρώμικα ρούχα του
"Seguramente este palacio pertenece a algún tipo de hada"
"Σίγουρα αυτό το παλάτι ανήκει σε κάποια ευγενική νεράιδα"

" Un hada que me ha visto y se ha compadecido de mí"
" Μια νεράιδα που με είδε και με λυπήθηκε"
Miró por una ventana
κοίταξε από ένα παράθυρο
Pero en lugar de nieve vio el jardín más delicioso.
αλλά αντί για χιόνι είδε τον πιο απολαυστικό κήπο
Y en el jardín estaban las rosas más hermosas.
και στον κήπο υπήρχαν τα πιο όμορφα τριαντάφυλλα
Luego regresó al gran salón.
μετά επέστρεψε στη μεγάλη αίθουσα
El salón donde había tomado sopa la noche anterior.
το χολ όπου είχε πιει σούπα το προηγούμενο βράδυ
y encontró un poco de chocolate en una mesita
και βρήκε λίγη σοκολάτα σε ένα τραπεζάκι
"Gracias, buena señora hada", dijo en voz alta.
«Ευχαριστώ, καλή κυρία Νεράιδα», είπε δυνατά
"Gracias por ser tan cariñoso"
"Ευχαριστώ που νοιάζεσαι"
"Le estoy sumamente agradecido por todos sus favores"
«Σας είμαι εξαιρετικά υπόχρεος για όλες τις χάρες σας»
El hombre amable bebió su chocolate.
ο ευγενικός άντρας ήπιε τη σοκολάτα του
y luego fue a buscar su caballo
και μετά πήγε να ψάξει το άλογό του
Pero en el jardín recordó la petición de Bella.
αλλά στον κήπο θυμήθηκε το αίτημα της ομορφιάς
y cortó una rama de rosas
και έκοψε ένα κλαδί από τριαντάφυλλα
Inmediatamente oyó un gran ruido
αμέσως άκουσε έναν μεγάλο θόρυβο
y vio una bestia terriblemente espantosa
και είδε ένα τρομερά τρομακτικό θηρίο
Estaba tan asustado que estaba a punto de desmayarse.
ήταν τόσο φοβισμένος που ήταν έτοιμος να λιποθυμήσει
-Eres muy desagradecido -le dijo la bestia.
«Είσαι πολύ αχάριστος», του είπε το θηρίο

Y la bestia habló con voz terrible
και το θηρίο μίλησε με τρομερή φωνή
"Te he salvado la vida al permitirte entrar en mi castillo"
«Σου έσωσα τη ζωή επιτρέποντάς σε να μπεις στο κάστρο μου»
"¿Y a cambio me robas mis rosas?"
"Και για αυτό μου κλέβεις τα τριαντάφυλλα σε αντάλλαγμα;"
"Las rosas que valoro más que nada"
"Τα τριαντάφυλλα που εκτιμώ πέρα από οτιδήποτε άλλο"
"Pero morirás por lo que has hecho"
"αλλά θα πεθάνεις για αυτό που έκανες"
"Sólo te doy un cuarto de hora para que te prepares"
«Σου δίνω μόνο ένα τέταρτο για να προετοιμαστείς»
"Prepárate para la muerte y di tus oraciones"
«Ετοιμαστείτε για θάνατο και κάντε τις προσευχές σας»
El comerciante cayó de rodillas
ο έμπορος έπεσε στα γόνατα
y alzó ambas manos
και σήκωσε και τα δύο του χέρια
"Mi señor, le ruego que me perdone"
«Κύριέ μου, σε παρακαλώ να με συγχωρέσεις»
"No tuve intención de ofenderte"
«Δεν είχα σκοπό να σε προσβάλω»
"Recogí una rosa para una de mis hijas"
«Μάζεψα ένα τριαντάφυλλο για μια από τις κόρες μου»
"Ella me pidió que le trajera una rosa"
"Μου ζήτησε να της φέρω ένα τριαντάφυλλο"
-No soy tu señor, pero soy una bestia -respondió el monstruo.
«Δεν είμαι ο κύριος σου, αλλά είμαι θηρίο», απάντησε το τέρας
"No me gustan los cumplidos"
«Δεν μου αρέσουν τα κομπλιμέντα»
"Me gusta la gente que habla como piensa"
«Μου αρέσουν οι άνθρωποι που μιλούν όπως νομίζουν»

"No creas que me puedo conmover con halagos"
«Μη φανταστείς ότι μπορεί να με συγκινήσει η κολακεία»
"Pero dices que tienes hijas"
«Μα λες ότι έχεις κόρες»
"Te perdonaré con una condición"
«Θα σε συγχωρήσω με έναν όρο»
"Una de tus hijas debe venir voluntariamente a mi palacio"
«Μια από τις κόρες σου πρέπει να έρθει στο παλάτι μου πρόθυμα»
"y ella debe sufrir por ti"
"και πρέπει να υποφέρει για σένα"
"Déjame tener tu palabra"
«Άσε με να πω τον λόγο σου»
"Y luego podrás continuar con tus asuntos"
"και μετά μπορείς να ασχοληθείς με την επιχείρησή σου"
"Prométeme esto:"
«Υπόσχεσέ μου το εξής:»
"Si tu hija se niega a morir por ti, deberás regresar dentro de tres meses"
«Αν η κόρη σου αρνηθεί να πεθάνει για σένα, πρέπει να επιστρέψεις μέσα σε τρεις μήνες»
El comerciante no tenía intenciones de sacrificar a sus hijas.
ο έμπορος δεν είχε καμία πρόθεση να θυσιάσει τις κόρες του
Pero, como le habían dado tiempo, quiso volver a ver a sus hijas.
αλλά, αφού του δόθηκε χρόνος, ήθελε να δει ξανά τις κόρες του
Así que prometió que volvería.
οπότε υποσχέθηκε ότι θα επέστρεφε
Y la bestia le dijo que podía partir cuando quisiera.
και το θηρίο του είπε ότι μπορεί να ξεκινήσει όταν ήθελε
y la bestia le dijo una cosa más
και το θηρίο του είπε κάτι ακόμα
"No te irás con las manos vacías"
«Δεν θα φύγεις με άδεια χέρια»

"Vuelve a la habitación donde yacías"
"πήγαινε πίσω στο δωμάτιο που ξαπλώνεις"
"Verás un gran cofre del tesoro vacío"
"Θα δείτε ένα μεγάλο άδειο σεντούκι θησαυρού"
"Llena el cofre del tesoro con lo que más te guste"
"γεμίστε το σεντούκι με ό,τι σας αρέσει περισσότερο"
"y enviaré el cofre del tesoro a tu casa"
"και θα στείλω το σεντούκι στο σπίτι σου"
Y al mismo tiempo la bestia se retiró.
και την ίδια στιγμή το θηρίο αποσύρθηκε
"Bueno", se dijo el buen hombre.
«Λοιπόν», είπε μέσα του ο καλός
"Si tengo que morir, al menos dejaré algo a mis hijos"
«Αν πρέπει να πεθάνω, τουλάχιστον θα αφήσω κάτι στα παιδιά μου»
Así que regresó al dormitorio.
έτσι επέστρεψε στην κρεβατοκάμαρα
y encontró una gran cantidad de piezas de oro
και βρήκε πάρα πολλά κομμάτια χρυσού
Llenó el cofre del tesoro que la bestia había mencionado.
γέμισε το σεντούκι του θησαυρού που είχε αναφέρει το θηρίο
y sacó su caballo del establo
και έβγαλε το άλογό του από τον στάβλο
La alegría que sintió al entrar al palacio ahora era igual al dolor que sintió al salir de él.
η χαρά που ένιωθε μπαίνοντας στο παλάτι ήταν πλέον ίση με τη θλίψη που ένιωθε φεύγοντας από αυτό
El caballo tomó uno de los caminos del bosque.
το άλογο πήρε έναν από τους δρόμους του δάσους
Y en pocas horas el buen hombre estaba en casa.
και σε λίγες ώρες ο καλός ήταν σπίτι
Sus hijos vinieron a él
ήρθαν κοντά του τα παιδιά του
Pero en lugar de recibir sus abrazos con placer, los miró.
αλλά αντί να δεχτεί τις αγκαλιές τους με ευχαρίστηση,

τους κοίταξε
Levantó la rama que tenía en sus manos.
κράτησε ψηλά το κλαδί που είχε στα χέρια του
y luego estalló en lágrimas
και μετά ξέσπασε σε κλάματα
"Belleza", dijo, "por favor toma estas rosas".
"Ομορφιά", είπε, "παρακαλώ πάρτε αυτά τα τριαντάφυλλα"
"No puedes saber lo costosas que han sido estas rosas"
"Δεν μπορείς να ξέρεις πόσο ακριβά είναι αυτά τα τριαντάφυλλα"
"Estas rosas le han costado la vida a tu padre"
«Αυτά τα τριαντάφυλλα κόστισαν τη ζωή του πατέρα σου»
Y luego contó su fatal aventura.
και μετά είπε για τη μοιραία του περιπέτεια
Inmediatamente las dos hermanas mayores gritaron.
αμέσως φώναξαν οι δύο μεγαλύτερες αδερφές
y le dijeron muchas cosas malas a su hermosa hermana
και είπαν πολλά κακά πράγματα στην όμορφη αδερφή τους
Pero Bella no lloró en absoluto.
αλλά η ομορφιά δεν έκλαψε καθόλου
"Mirad el orgullo de ese pequeño desgraciado", dijeron.
«Κοίτα την περηφάνια αυτού του μικρού άθλιου», είπαν
"ella no pidió ropa fina"
«Δεν ζήτησε ωραία ρούχα»
"Ella debería haber hecho lo que hicimos"
«Έπρεπε να είχε κάνει αυτό που κάναμε»
"ella quería distinguirse"
«Ήθελε να ξεχωρίσει»
"Así que ahora ella será la muerte de nuestro padre"
"Έτσι τώρα θα είναι ο θάνατος του πατέρα μας"
"Y aún así no derrama ni una lágrima"
«Κι όμως δεν χύνει ούτε ένα δάκρυ»
"¿Por qué debería llorar?" respondió Bella
«Γιατί να κλάψω;» απάντησε η ομορφιά
"Llorar sería muy innecesario"

"Το κλάμα θα ήταν πολύ περιττό"
"mi padre no sufrirá por mí"
«Ο πατέρας μου δεν θα υποφέρει για μένα»
"El monstruo aceptará a una de sus hijas"
"Το τέρας θα δεχτεί μια από τις κόρες του"
"Me ofreceré a toda su furia"
«Θα προσφερθώ σε όλη του την οργή»
"Estoy muy feliz, porque mi muerte salvará la vida de mi padre"
«Είμαι πολύ χαρούμενος, γιατί ο θάνατός μου θα σώσει τη ζωή του πατέρα μου»
"mi muerte será una prueba de mi amor"
"Ο θάνατός μου θα είναι απόδειξη της αγάπης μου"
-No, hermana -dijeron sus tres hermanos.
«Όχι, αδερφή», είπαν τα τρία αδέρφια της
"Eso no será"
"αυτό δεν θα είναι"
"Iremos a buscar al monstruo"
«Θα πάμε να βρούμε το τέρας»
"y o lo matamos..."
«Και ή θα τον σκοτώσουμε...»
"...o pereceremos en el intento"
«... αλλιώς θα χαθούμε στην προσπάθεια»
"No imaginéis tal cosa, hijos míos", dijo el mercader.
«Μη φανταστείτε κάτι τέτοιο, γιοι μου», είπε ο έμπορος
"El poder de la bestia es tan grande que no tengo esperanzas de que puedas vencerlo"
"Η δύναμη του θηρίου είναι τόσο μεγάλη που δεν έχω καμία ελπίδα ότι θα μπορούσες να τον ξεπεράσεις"
"Estoy encantado con la amable y generosa oferta de Bella"
«Μαγεύομαι με την ευγενική και γενναιόδωρη προσφορά της ομορφιάς»
"pero no puedo aceptar su generosidad"
«αλλά δεν μπορώ να δεχτώ τη γενναιοδωρία της»
"Soy viejo y no me queda mucho tiempo de vida"
«Είμαι μεγάλος και δεν έχω πολύ να ζήσω»

"Así que sólo puedo perder unos pocos años"
"έτσι μπορώ να χάσω μόνο μερικά χρόνια"
"Tiempo que lamento por vosotros, mis queridos hijos"
«Χρόνος που μετανιώνω για εσάς, αγαπητά μου παιδιά»
"Pero padre", dijo Bella
«Μα πατέρα», είπε η καλλονή
"No irás al palacio sin mí"
"Δεν θα πας στο παλάτι χωρίς εμένα"
"No puedes impedir que te siga"
"Δεν μπορείς να με εμποδίσεις να σε ακολουθήσω"
Nada podría convencer a Bella de lo contrario.
τίποτα δεν θα μπορούσε να πείσει την ομορφιά για το αντίθετο
Ella insistió en ir al bello palacio.
επέμενε να πάει στο ωραίο παλάτι
y sus hermanas estaban encantadas con su insistencia
και οι αδερφές της χάρηκαν με την επιμονή της
El comerciante estaba preocupado ante la idea de perder a su hija.
Ο έμπορος ανησυχούσε στη σκέψη ότι θα χάσει την κόρη του
Estaba tan preocupado que se había olvidado del cofre lleno de oro.
ήταν τόσο ανήσυχος που είχε ξεχάσει το σεντούκι γεμάτο χρυσάφι
Por la noche se retiró a descansar y cerró la puerta de su habitación.
το βράδυ αποσύρθηκε για να ξεκουραστεί και έκλεισε την πόρτα του θαλάμου του
Entonces, para su gran asombro, encontró el tesoro junto a su cama.
τότε, προς μεγάλη του έκπληξη, βρήκε τον θησαυρό δίπλα στο κρεβάτι του
Estaba decidido a no contárselo a sus hijos.
ήταν αποφασισμένος να μην το πει στα παιδιά του
Si lo supieran, hubieran querido regresar al pueblo.

αν ήξεραν, θα ήθελαν να επιστρέψουν στην πόλη
y estaba decidido a no abandonar el campo
και αποφάσισε να μην εγκαταλείψει την ύπαιθρο
Pero él confió a Bella el secreto.
αλλά εμπιστεύτηκε την ομορφιά με το μυστικό
Ella le informó que dos caballeros habían llegado.
τον ενημέρωσε ότι είχαν έρθει δύο κύριοι
y le hicieron propuestas a sus hermanas
και έκαναν προτάσεις στις αδερφές της
Ella le rogó a su padre que consintiera su matrimonio.
παρακάλεσε τον πατέρα της να συναινέσει στο γάμο τους
y ella le pidió que les diera algo de su fortuna
και του ζήτησε να τους δώσει λίγη από την περιουσία του
Ella ya los había perdonado.
τους είχε ήδη συγχωρήσει
Las malvadas criaturas se frotaron los ojos con cebollas.
τα πονηρά πλάσματα έτριβαν τα μάτια τους με κρεμμύδια
Para forzar algunas lágrimas cuando se separaron de su hermana.
για να ζορίσουν μερικά δάκρυα όταν χώρισαν με την αδερφή τους
Pero sus hermanos realmente estaban preocupados.
αλλά τα αδέρφια της ανησυχούσαν πραγματικά
Bella fue la única que no derramó ninguna lágrima.
η ομορφιά ήταν η μόνη που δεν έχυσε κανένα δάκρυ
Ella no quería aumentar su malestar.
δεν ήθελε να αυξήσει την ανησυχία τους
El caballo tomó el camino directo al palacio.
το άλογο πήρε τον άμεσο δρόμο για το παλάτι
y hacia la tarde vieron el palacio iluminado
και προς το βράδυ είδαν το φωτισμένο παλάτι
El caballo volvió a entrar solo en el establo.
το άλογο ξαναπήγε στον στάβλο
Y el buen hombre y su hija entraron en el gran salón.
και ο καλός άνθρωπος και η κόρη του πήγαν στη μεγάλη αίθουσα

Aquí encontraron una mesa espléndidamente servida.
εδώ βρήκαν ένα τραπέζι που σερβίρεται υπέροχα
El comerciante no tenía apetito para comer
ο έμπορος δεν είχε όρεξη να φάει
Pero Bella se esforzó por parecer alegre.
αλλά η ομορφιά προσπαθούσε να φαίνεται χαρούμενη
Ella se sentó a la mesa y ayudó a su padre.
κάθισε στο τραπέζι και βοήθησε τον πατέρα της
Pero también pensó para sí misma:
αλλά σκέφτηκε και από μέσα της:
"La bestia seguramente quiere engordarme antes de comerme"
"Το θηρίο θέλει σίγουρα να με παχύνει πριν με φάει"
"Por eso ofrece tanto entretenimiento"
"γι' αυτό παρέχει τόσο άφθονη ψυχαγωγία"
Después de haber comido oyeron un gran ruido.
αφού έφαγαν άκουσαν έναν μεγάλο θόρυβο
Y el comerciante se despidió de su desdichado hijo con lágrimas en los ojos.
και ο έμπορος αποχαιρέτησε το άτυχο παιδί του, με δάκρυα στα μάτια
Porque sabía que la bestia venía
γιατί ήξερε ότι το θηρίο ερχόταν
Bella estaba aterrorizada por su horrible forma.
η ομορφιά τρομοκρατήθηκε με την φρικτή μορφή του
Pero ella tomó coraje lo mejor que pudo.
αλλά πήρε κουράγιο όσο καλύτερα μπορούσε
Y el monstruo le preguntó si venía voluntariamente.
και το τέρας τη ρώτησε αν ήρθε πρόθυμα
-Sí, he venido voluntariamente -dijo temblando.
«Ναι, ήρθα πρόθυμα», είπε τρέμοντας
La bestia respondió: "Eres muy bueno"
το θηρίο απάντησε: "Είσαι πολύ καλός"
"Y te lo agradezco mucho, hombre honesto"
«Και είμαι πολύ υποχρεωμένος απέναντί σου• τίμιος άνθρωπος»

"Continuad vuestro camino mañana por la mañana"
"πήγαινε αύριο το πρωί"
"Pero nunca pienses en venir aquí otra vez"
"αλλά ποτέ μην σκεφτείς να έρθω ξανά εδώ"
"Adiós bella, adiós bestia", respondió.
«Αντίο ομορφιά, αντίο κτήνος», απάντησε
Y de inmediato el monstruo se retiró.
και αμέσως το τέρας αποσύρθηκε
"Oh, hija", dijo el comerciante.
«Ω, κόρη», είπε ο έμπορος
y abrazó a su hija una vez más
και αγκάλιασε για άλλη μια φορά την κόρη του
"Estoy casi muerto de miedo"
«Είμαι σχεδόν φοβισμένος μέχρι θανάτου»
"Créeme, será mejor que regreses"
"Πίστεψέ με, καλύτερα να γυρίσεις πίσω"
"déjame quedarme aquí, en tu lugar"
«Άσε με να μείνω εδώ, αντί για σένα»
—No, padre —dijo Bella con tono decidido.
«Όχι, πατέρα», είπε η ομορφιά, με αποφασιστικό τόνο
"Partirás mañana por la mañana"
"θα ξεκινήσετε αύριο το πρωί"
"déjame al cuidado y protección de la providencia"
«Αφήστε με στη φροντίδα και την προστασία της πρόνοιας»
Aún así se fueron a la cama
παρόλα αυτά πήγαν για ύπνο
Pensaron que no cerrarían los ojos en toda la noche.
νόμιζαν ότι δεν θα έκλειναν τα μάτια τους όλη τη νύχτα
pero justo cuando se acostaron se durmieron
αλλά όπως ξάπλωσαν κοιμήθηκαν
Bella soñó que una bella dama se acercó y le dijo:
Η ομορφιά ονειρευόταν μια ωραία κυρία ήρθε και της είπε:
"Estoy contento, bella, con tu buena voluntad"
«Είμαι ικανοποιημένος, ομορφιά, με την καλή σου θέληση»
"Esta buena acción tuya no quedará sin recompensa"

«Αυτή η καλή πράξη σου δεν θα μείνει απαράμιλλη»
Bella se despertó y le contó a su padre su sueño.
Η ομορφιά ξύπνησε και είπε στον πατέρα της το όνειρό της
El sueño ayudó a consolarlo un poco.
το όνειρο τον βοήθησε να τον παρηγορήσει λίγο
Pero no pudo evitar llorar amargamente mientras se marchaba.
αλλά δεν μπορούσε να μην κλάψει πικρά καθώς έφευγε
Tan pronto como se fue, Bella se sentó en el gran salón y lloró también.
μόλις έφυγε, η ομορφιά κάθισε στη μεγάλη αίθουσα και έκλαψε κι αυτή
Pero ella decidió no sentirse inquieta.
αλλά αποφάσισε να μην είναι άβολη
Ella decidió ser fuerte por el poco tiempo que le quedaba de vida.
αποφάσισε να είναι δυνατή για τον λίγο χρόνο που της είχε απομείνει για να ζήσει
Porque creía firmemente que la bestia la comería.
γιατί πίστευε ακράδαντα ότι το θηρίο θα την έτρωγε
Sin embargo, pensó que también podría explorar el palacio.
ωστόσο, σκέφτηκε ότι θα μπορούσε κάλλιστα να εξερευνήσει το παλάτι
y ella quería ver el hermoso castillo
και ήθελε να δει το ωραίο κάστρο
Un castillo que no pudo evitar admirar.
ένα κάστρο που δεν μπορούσε να μην θαυμάσει
Era un palacio deliciosamente agradable.
ήταν ένα απολαυστικά ευχάριστο παλάτι
y ella se sorprendió muchísimo al ver una puerta
και ξαφνιάστηκε πολύ βλέποντας μια πόρτα
Y sobre la puerta estaba escrito que era su habitación.
και πάνω από την πόρτα έγραφε ότι ήταν το δωμάτιό της
Ella abrió la puerta apresuradamente
άνοιξε την πόρτα βιαστικά
y ella quedó completamente deslumbrada con la

magnificencia de la habitación.
και ήταν αρκετά έκθαμβη με τη μεγαλοπρέπεια του δωματίου
Lo que más le llamó la atención fue una gran biblioteca.
αυτό που τράβηξε κυρίως την προσοχή της ήταν μια μεγάλη βιβλιοθήκη
Un clavicémbalo y varios libros de música.
ένα τσέμπαλο και πολλά μουσικά βιβλία
"Bueno", se dijo a sí misma.
«Λοιπόν», είπε μέσα της
"Veo que la bestia no dejará que mi tiempo cuelgue pesadamente"
"Βλέπω ότι το θηρίο δεν θα αφήσει τον χρόνο μου να κρεμάσει βαρύ"
Entonces reflexionó sobre su situación.
μετά σκέφτηκε τον εαυτό της για την κατάστασή της
"Si me hubiera quedado un día, todo esto no estaría aquí"
«Αν ήταν γραφτό να μείνω μια μέρα, όλα αυτά δεν θα ήταν εδώ»
Esta consideración le inspiró nuevo coraje.
αυτή η σκέψη της ενέπνευσε νέο θάρρος
y tomó un libro de su nueva biblioteca
και πήρε ένα βιβλίο από τη νέα της βιβλιοθήκη
y leyó estas palabras en letras doradas:
και διάβασε αυτά τα λόγια με χρυσά γράμματα:
"Bienvenida Bella, destierra el miedo"
"Καλώς ήρθες ομορφιά, διώξε τον φόβο"
"Eres reina y señora aquí"
«Είσαι βασίλισσα και ερωμένη εδώ»
"Di tus deseos, di tu voluntad"
«Πείτε τις επιθυμίες σας, πείτε τη θέλησή σας»
"Aquí la obediencia rápida cumple tus deseos"
"Η γρήγορη υπακοή ικανοποιεί τις επιθυμίες σας εδώ"
"¡Ay!", dijo ella con un suspiro.
«Αλίμονο», είπε εκείνη αναστενάζοντας
"Lo que más deseo es ver a mi pobre padre"

«Πάνω από όλα θέλω να δω τον φτωχό πατέρα μου»
"y me gustaría saber qué está haciendo"
«Και θα ήθελα να μάθω τι κάνει»
Tan pronto como dijo esto se dio cuenta del espejo.
Μόλις το είπε αυτό, παρατήρησε τον καθρέφτη
Para su gran asombro, vio su propia casa en el espejo.
προς μεγάλη της έκπληξη είδε το δικό της σπίτι στον καθρέφτη
Su padre llegó emocionalmente agotado.
ο πατέρας της έφτασε συναισθηματικά εξαντλημένος
Sus hermanas fueron a recibirlo
οι αδερφές της πήγαν να τον συναντήσουν
A pesar de sus intentos de parecer tristes, su alegría era visible.
παρά τις προσπάθειές τους να φανούν λυπημένοι, η χαρά τους ήταν ορατή
Un momento después todo desapareció
μια στιγμή αργότερα όλα εξαφανίστηκαν
Y las aprensiones de Bella también desaparecieron.
και οι φοβίες της ομορφιάς εξαφανίστηκαν επίσης
porque sabía que podía confiar en la bestia
γιατί ήξερε ότι μπορούσε να εμπιστευτεί το θηρίο
Al mediodía encontró la cena lista.
Το μεσημέρι βρήκε έτοιμο το δείπνο
Ella se sentó a la mesa
κάθισε η ίδια στο τραπέζι
y se entretuvo con un concierto de música
και διασκέδασε με μια συναυλία μουσικής
Aunque no podía ver a nadie
αν και δεν μπορούσε να δει κανέναν
Por la noche se sentó a cenar otra vez
το βράδυ κάθισε πάλι για δείπνο
Esta vez escuchó el ruido que hizo la bestia.
αυτή τη φορά άκουσε τον θόρυβο που έκανε το θηρίο
y ella no pudo evitar estar aterrorizada
και δεν μπορούσε να μην είναι τρομοκρατημένη

"belleza", dijo el monstruo
«Ομορφιά», είπε το τέρας
"¿Me permites comer contigo?"
"Μου επιτρέπεις να φάω μαζί σου;"
"Haz lo que quieras", respondió Bella temblando.
«Κάνε ό,τι θέλεις», απάντησε η ομορφιά τρέμοντας
"No", respondió la bestia.
«Όχι», απάντησε το θηρίο
"Sólo tú eres la señora aquí"
"Εσύ είσαι ερωμένη εδώ"
"Puedes despedirme si soy problemático"
"Μπορείς να με διώξεις αν είμαι ενοχλητικός"
"Despídeme y me retiraré inmediatamente"
«Στείλτε με και θα αποσυρθώ αμέσως»
-Pero dime, ¿no te parece que soy muy fea?
«Μα, πες μου• δεν νομίζεις ότι είμαι πολύ άσχημος;»
"Eso es verdad", dijo Bella.
«Αυτό είναι αλήθεια», είπε η καλλονή
"No puedo decir una mentira"
«Δεν μπορώ να πω ψέματα»
"Pero creo que tienes muy buen carácter"
"αλλά πιστεύω ότι είσαι πολύ καλός"
"Sí, lo soy", dijo el monstruo.
«Είμαι πράγματι», είπε το τέρας
"Pero aparte de mi fealdad, tampoco tengo sentido"
«Μα εκτός από την ασχήμια μου, δεν έχω και λογική»
"Sé muy bien que soy una criatura tonta"
«Ξέρω πολύ καλά ότι είμαι ένα ανόητο πλάσμα»
—No es ninguna locura pensar así —replicó Bella.
«Δεν είναι σημάδι ανοησίας να το πιστεύεις», απάντησε η καλλονή
"Come entonces, bella", dijo el monstruo.
«Φάε τότε, ομορφιά», είπε το τέρας
"Intenta divertirte en tu palacio"
"προσπάθησε να διασκεδάσεις στο παλάτι σου"
"Todo aquí es tuyo"

"όλα εδώ είναι δικά σου"
"Y me sentiría muy incómodo si no fueras feliz"
«Και θα ήμουν πολύ άβολα αν δεν ήσουν ευχαριστημένος»
-Eres muy servicial -respondió Bella.
«Είσαι πολύ υποχρεωμένη», απάντησε η ομορφιά
"Admito que estoy complacido con su amabilidad"
«Ομολογώ ότι είμαι ευχαριστημένος με την καλοσύνη σου»
"Y cuando considero tu bondad, apenas noto tus deformidades"
"Και όταν σκέφτομαι την καλοσύνη σου, δεν παρατηρώ σχεδόν τις παραμορφώσεις σου"
"Sí, sí", dijo la bestia, "mi corazón es bueno".
«Ναι, ναι», είπε το θηρίο, «η καρδιά μου είναι καλή
"Pero aunque soy bueno, sigo siendo un monstruo"
"αλλά παρόλο που είμαι καλός, εξακολουθώ να είμαι ένα τέρας"
"Hay muchos hombres que merecen ese nombre más que tú"
"Υπάρχουν πολλοί άντρες που αξίζουν αυτό το όνομα περισσότερο από εσένα"
"Y te prefiero tal como eres"
"και σε προτιμώ όπως είσαι"
"y te prefiero más que a aquellos que esconden un corazón ingrato"
"και σε προτιμώ περισσότερο από αυτούς που κρύβουν μια αχάριστη καρδιά"
"Si tuviera algo de sentido común", respondió la bestia.
«Αν είχα λίγη λογική», απάντησε το θηρίο
"Si tuviera sentido común, te haría un buen cumplido para agradecerte"
"Αν είχα νόημα θα έκανα ένα καλό κομπλιμέντο για να σε ευχαριστήσω"
"Pero soy tan aburrida"
"αλλά είμαι τόσο βαρετή"
"Sólo puedo decir que le estoy muy agradecido"
«Μπορώ μόνο να πω ότι σας είμαι πολύ υποχρεωμένος»
Bella comió una cena abundante

η ομορφιά έφαγε ένα χορταστικό δείπνο
y ella casi había superado su miedo al monstruo
και είχε σχεδόν νικήσει τον τρόμο της για το τέρας
Pero ella quería desmayarse cuando la bestia le hizo la siguiente pregunta.
αλλά ήθελε να λιποθυμήσει όταν το θηρίο της έκανε την επόμενη ερώτηση
"Belleza, ¿quieres ser mi esposa?"
«Ομορφιά, θα γίνεις γυναίκα μου;»
Ella tardó un tiempo antes de poder responder.
πήρε λίγο χρόνο για να μπορέσει να απαντήσει
Porque tenía miedo de hacerlo enojar
γιατί φοβόταν μην τον θυμώσει
Al final, sin embargo, dijo: "No, bestia".
επιτέλους, όμως, είπε "όχι, θηρίο"
Inmediatamente el pobre monstruo silbó muy espantosamente.
αμέσως το καημένο το τέρας σφύριξε πολύ τρομακτικά
y todo el palacio hizo eco
και ολόκληρο το παλάτι αντήχησε
Pero Bella pronto se recuperó de su susto.
αλλά η ομορφιά σύντομα συνήλθε από τον τρόμο της
porque la bestia volvió a hablar con voz triste
γιατί το θηρίο μίλησε ξανά με πένθιμη φωνή
"Entonces adiós, belleza"
"τότε αντίο, ομορφιά"
y sólo se volvía de vez en cuando
και γύριζε μόνο πίσω που και που
mirarla mientras salía
να την κοιτάζει καθώς έβγαινε έξω
Ahora Bella estaba sola otra vez
τώρα η ομορφιά ήταν πάλι μόνη
Ella sintió mucha compasión
ένιωθε μεγάλη συμπόνια
"Ay, es una lástima"
«Αλίμονο, είναι χίλια κρίμα»

"algo tan bueno no debería ser tan feo"
"Οτιδήποτε τόσο καλό είναι να μην είναι τόσο άσχημο"
Bella pasó tres meses muy contenta en palacio.
η καλλονή πέρασε τρεις μήνες πολύ ικανοποιημένη στο παλάτι
Todas las noches la bestia le hacía una visita.
κάθε απόγευμα το θηρίο την επισκεπτόταν
y hablaron durante la cena
και μίλησαν κατά τη διάρκεια του δείπνου
Hablaban con sentido común
μιλούσαν με κοινή λογική
Pero no hablaban con lo que la gente llama ingenio.
αλλά δεν μίλησαν με αυτό που οι άνθρωποι αποκαλούν πνευματώδη
Bella siempre descubre algún carácter valioso en la bestia.
η ομορφιά πάντα ανακάλυπτε κάποιο πολύτιμο χαρακτήρα στο θηρίο
y ella se había acostumbrado a su deformidad
και είχε συνηθίσει την παραμόρφωσή του
Ella ya no temía el momento de su visita.
δεν φοβόταν πια την ώρα της επίσκεψής του
Ahora a menudo miraba su reloj.
τώρα κοίταζε συχνά το ρολόι της
y ella no podía esperar a que fueran las nueve en punto
και ανυπομονούσε να είναι εννιά η ώρα
Porque la bestia nunca dejaba de venir a esa hora
γιατί το θηρίο δεν έχασε ποτέ να έρθει εκείνη την ώρα
Sólo había una cosa que preocupaba a Bella.
υπήρχε μόνο ένα πράγμα που αφορούσε την ομορφιά
Todas las noches antes de irse a dormir la bestia le hacía la misma pregunta.
κάθε βράδυ πριν πάει για ύπνο το θηρίο της έκανε την ίδια ερώτηση
El monstruo le preguntó si sería su esposa.
το τέρας τη ρώτησε αν θα ήταν γυναίκα του
Un día ella le dijo: "bestia, me pones muy nerviosa"

μια μέρα του είπε, "θηρίο, με κάνεις πολύ ανήσυχο"
"Me gustaría poder consentir en casarme contigo"
«Μακάρι να μπορούσα να συναινέσω να σε παντρευτώ»
"Pero soy demasiado sincero para hacerte creer que me casaría contigo"
"αλλά είμαι πολύ ειλικρινής για να σε κάνω να πιστέψεις ότι θα σε παντρευόμουν"
"nuestro matrimonio nunca se realizará"
«Ο γάμος μας δεν θα γίνει ποτέ»
"Siempre te veré como un amigo"
«Θα σε βλέπω πάντα σαν φίλο»
"Por favor, trate de estar satisfecho con esto"
"Προσπαθήστε να είστε ικανοποιημένοι με αυτό"
"Debo estar satisfecho con esto", dijo la bestia.
«Πρέπει να είμαι ικανοποιημένος με αυτό», είπε το θηρίο
"Conozco mi propia desgracia"
«Ξέρω τη δική μου ατυχία»
"pero te amo con el más tierno cariño"
"αλλά σε αγαπώ με την πιο τρυφερή στοργή"
"Sin embargo, debo considerarme feliz"
«Ωστόσο, θα έπρεπε να θεωρώ τον εαυτό μου ευτυχισμένο»
"Y me alegraría que te quedaras aquí"
"Και θα χαίρομαι που θα μείνεις εδώ"
"Prométeme que nunca me dejarás"
«Υπόσχεσέ μου να μην με αφήσεις ποτέ»
Bella se sonrojó ante estas palabras.
η ομορφιά κοκκίνισε με αυτά τα λόγια
Un día Bella se estaba mirando en el espejo.
μια μέρα η ομορφιά κοιτούσε στον καθρέφτη της
Su padre se había preocupado muchísimo por ella.
ο πατέρας της είχε ανησυχήσει άρρωστος για εκείνη
Ella anhelaba verlo de nuevo más que nunca.
λαχταρούσε να τον ξαναδεί περισσότερο από ποτέ
"Podría prometerte que nunca te abandonaré por completo"
«Θα μπορούσα να υποσχεθώ ότι δεν θα σε αφήσω ποτέ εντελώς»

"Pero tengo un deseo tan grande de ver a mi padre"
"αλλά έχω τόσο μεγάλη επιθυμία να δω τον πατέρα μου"
"Me molestaría muchísimo si dijeras que no"
«Θα στεναχωριόμουν απίστευτα αν μου πεις όχι»
"Preferiría morir yo mismo", dijo el monstruo.
«Προτιμώ να πεθάνω εγώ», είπε το τέρας
"Prefiero morir antes que hacerte sentir incómodo"
«Προτιμώ να πεθάνω παρά να σε κάνω να νιώθεις ανησυχία»
"Te enviaré con tu padre"
«Θα σε στείλω στον πατέρα σου»
"permanecerás con él"
«θα μείνεις μαζί του»
"y esta desafortunada bestia morirá de pena en su lugar"
"και αυτό το άτυχο θηρίο θα πεθάνει με θλίψη"
"No", dijo Bella, llorando.
«Όχι», είπε η καλλονή κλαίγοντας
"Te amo demasiado para ser la causa de tu muerte"
«Σε αγαπώ πάρα πολύ για να είμαι η αιτία του θανάτου σου»
"Te doy mi promesa de regresar en una semana"
"Σου δίνω την υπόσχεσή μου να επιστρέψω σε μια εβδομάδα"
"Me has demostrado que mis hermanas están casadas"
«Μου έδειξες ότι οι αδερφές μου είναι παντρεμένες»
"y mis hermanos se han ido al ejército"
"και τα αδέρφια μου πήγαν στρατό"
"déjame quedarme una semana con mi padre, ya que está solo"
«Αφήστε με να μείνω μια εβδομάδα με τον πατέρα μου, γιατί είναι μόνος»
"Estarás allí mañana por la mañana", dijo la bestia.
«Θα είσαι εκεί αύριο το πρωί», είπε το θηρίο
"pero recuerda tu promesa"
"αλλά θυμήσου την υπόσχεσή σου"
"Solo tienes que dejar tu anillo sobre una mesa antes de irte

a dormir"
"Χρειάζεται μόνο να βάλεις το δαχτυλίδι σου σε ένα τραπέζι πριν πέσεις για ύπνο"
"Y luego serás traído de regreso antes de la mañana"
«Και μετά θα σε φέρουν πίσω πριν το πρωί»
"Adiós querida belleza", suspiró la bestia.
«Αντίο καλή μου ομορφιά», αναστέναξε το θηρίο
Bella se fue a la cama muy triste esa noche.
η ομορφιά πήγε για ύπνο πολύ λυπημένη εκείνο το βράδυ
Porque no quería ver a la bestia tan preocupada.
γιατί δεν ήθελε να δει θηρίο τόσο ανήσυχη
A la mañana siguiente se encontró en la casa de su padre.
το επόμενο πρωί βρέθηκε στο σπίτι του πατέρα της
Ella hizo sonar una campanita junto a su cama.
χτύπησε ένα μικρό κουδούνι δίπλα στο κρεβάτι της
y la criada dio un grito fuerte
και η υπηρέτρια έκανε μια δυνατή κραυγή
y su padre corrió escaleras arriba
και ο πατέρας της έτρεξε πάνω
Él pensó que iba a morir de alegría.
νόμιζε ότι θα πέθαινε από χαρά
La sostuvo en sus brazos durante un cuarto de hora.
την κράτησε στην αγκαλιά του για ένα τέταρτο της ώρας
Finalmente los primeros saludos terminaron.
τελικά τελείωσαν οι πρώτοι χαιρετισμοί
Bella empezó a pensar en levantarse de la cama.
η ομορφιά άρχισε να σκέφτεται να σηκωθεί από το κρεβάτι
pero se dio cuenta de que no había traído ropa
αλλά συνειδητοποίησε ότι δεν είχε φέρει ρούχα
pero la criada le dijo que había encontrado una caja
αλλά η υπηρέτρια της είπε ότι είχε βρει ένα κουτί
El gran baúl estaba lleno de vestidos y batas.
ο μεγάλος κορμός ήταν γεμάτος τουαλέτες και φορέματα
Cada vestido estaba cubierto de oro y diamantes.
κάθε φόρεμα ήταν καλυμμένο με χρυσό και διαμάντια
Bella agradeció a la Bestia por su amable atención.

η ομορφιά ευχαρίστησε τον θηρίο για την ευγενική του φροντίδα
y tomó uno de los vestidos más sencillos
και πήρε ένα από τα πιο απλά φορέματα
Ella tenía la intención de regalar los otros vestidos a sus hermanas.
σκόπευε να δώσει τα άλλα φορέματα στις αδερφές της
Pero ante ese pensamiento el arcón de ropa desapareció.
αλλά σε αυτή τη σκέψη το σεντούκι με τα ρούχα εξαφανίστηκε
La bestia había insistido en que la ropa era solo para ella.
Το θηρίο είχε επιμείνει ότι τα ρούχα ήταν μόνο για εκείνη
Su padre le dijo que ese era el caso.
ο πατέρας της της είπε ότι έτσι ήταν
Y enseguida volvió el baúl de la ropa.
και αμέσως το μπαούλο των ρούχων ξαναγύρισε
Bella se vistió con su ropa nueva
η καλλονή ντύθηκε η ίδια με τα νέα της ρούχα
Y mientras tanto las doncellas fueron a buscar a sus hermanas.
και στο μεταξύ υπηρέτριες πήγαν να βρουν τις αδερφές της
Ambas hermanas estaban con sus maridos.
και η αδερφή της ήταν με τους συζύγους τους
Pero sus dos hermanas estaban muy infelices.
αλλά και οι δύο αδερφές της ήταν πολύ δυστυχισμένες
Su hermana mayor se había casado con un caballero muy guapo.
η μεγαλύτερη αδερφή της είχε παντρευτεί έναν πολύ όμορφο κύριο
Pero estaba tan enamorado de sí mismo que descuidó a su esposa.
αλλά αγαπούσε τόσο τον εαυτό του που παραμέλησε τη γυναίκα του
Su segunda hermana se había casado con un hombre ingenioso.
η δεύτερη αδερφή της είχε παντρευτεί έναν πνευματώδη

άντρα
Pero usó su ingenio para atormentar a la gente.
αλλά χρησιμοποίησε την εξυπνάδα του για να βασανίσει τους ανθρώπους
Y atormentaba a su esposa sobre todo.
και βασάνιζε περισσότερο τη γυναίκα του
Las hermanas de Bella la vieron vestida como una princesa
οι αδερφές της καλλονής την είδαν ντυμένη σαν πριγκίπισσα
y se enfermaron de envidia
και αρρώστησαν από φθόνο
Ahora estaba más bella que nunca
τώρα ήταν πιο όμορφη από ποτέ
Su comportamiento cariñoso no pudo sofocar sus celos.
η στοργική της συμπεριφορά δεν μπορούσε να καταπνίξει τη ζήλια τους
Ella les contó lo feliz que estaba con la bestia.
τους είπε πόσο χαρούμενη ήταν με το θηρίο
y sus celos estaban a punto de estallar
και η ζήλια τους ήταν έτοιμη να σκάσει
Bajaron al jardín a llorar su desgracia.
Κατέβηκαν στον κήπο για να κλάψουν για την ατυχία τους
"¿En qué sentido esta pequeña criatura es mejor que nosotros?"
«Με ποιον τρόπο αυτό το μικρό πλάσμα είναι καλύτερο από εμάς;»
"¿Por qué debería estar mucho más feliz?"
«Γιατί να είναι τόσο πιο χαρούμενη;»
"Hermana", dijo la hermana mayor.
«Αδερφή», είπε η μεγαλύτερη αδερφή
"Un pensamiento acaba de golpear mi mente"
"Μια σκέψη μου ήρθε στο μυαλό"
"Intentemos mantenerla aquí más de una semana"
"Ας προσπαθήσουμε να την κρατήσουμε εδώ για περισσότερο από μια εβδομάδα"
"Quizás esto enfurezca al tonto monstruo"

"ίσως αυτό εξοργίσει το ανόητο τέρας"
"porque ella hubiera faltado a su palabra"
"γιατί θα είχε παραβιάσει τον λόγο της"
"y entonces podría devorarla"
«και τότε μπορεί να την καταβροχθίσει»
"Esa es una gran idea", respondió la otra hermana.
«Είναι υπέροχη ιδέα», απάντησε η άλλη αδερφή
"Debemos mostrarle la mayor amabilidad posible"
«Πρέπει να της δείξουμε όσο το δυνατόν περισσότερη ευγένεια»
Las hermanas tomaron esta resolución
οι αδερφές έκαναν αυτό το ψήφισμά τους
y se comportaron con mucho cariño con su hermana
και συμπεριφέρθηκαν πολύ στοργικά στην αδερφή τους
La pobre belleza lloró de alegría por toda su bondad.
η καημένη ομορφιά έκλαψε από χαρά από όλη τους την καλοσύνη
Cuando la semana se cumplió, lloraron y se arrancaron el pelo.
όταν έληξε η εβδομάδα, έκλαιγαν και έσκισαν τα μαλλιά τους
Parecían muy apenados por separarse de ella.
έδειχναν τόσο λυπημένοι που την αποχωρίζονταν
y Bella prometió quedarse una semana más
και η ομορφιά υποσχέθηκε να μείνει μια εβδομάδα παραπάνω
Mientras tanto, Bella no pudo evitar reflexionar sobre sí misma.
Στο μεταξύ, η ομορφιά δεν μπορούσε να μην σκεφτεί τον εαυτό της
Ella se preocupaba por lo que le estaba haciendo a la pobre bestia.
ανησύχησε τι έκανε στο καημένο θηρίο
Ella sabía que lo amaba sinceramente.
ξέρει ότι τον αγαπούσε ειλικρινά
Y ella realmente anhelaba verlo otra vez.

και λαχταρούσε πολύ να τον ξαναδεί
La décima noche también la pasó en casa de su padre.
τη δέκατη νύχτα που πέρασε και στον πατέρα της
Ella soñó que estaba en el jardín del palacio.
ονειρευόταν ότι ήταν στον κήπο του παλατιού
y soñó que veía a la bestia extendida sobre la hierba
και ονειρεύτηκε ότι είδε το θηρίο απλωμένο στο γρασίδι
Parecía reprocharle con voz moribunda
φάνηκε να την κατακρίνει με μια ετοιμοθάνατη φωνή
y la acusó de ingratitud
και την κατηγόρησε για αχαριστία
Bella se despertó de su sueño.
η καλλονή ξύπνησε από τον ύπνο της
y ella estalló en lágrimas
και ξέσπασε σε κλάματα
"¿No soy muy malvado?"
«Δεν είμαι πολύ κακός;»
"¿No fue cruel de mi parte actuar tan cruelmente con la bestia?"
«Δεν ήταν σκληρό εκ μέρους μου που φέρθηκα τόσο άσχημα στο θηρίο;»
"La bestia hizo todo lo posible para complacerme"
"Το θηρίο έκανε τα πάντα για να με ευχαριστήσει"
-¿Es culpa suya que sea tan feo?
«Φταίει που είναι τόσο άσχημος;
¿Es culpa suya que tenga tan poco ingenio?
«Φταίει που έχει τόσο λίγη εξυπνάδα;»
"Él es amable y bueno, y eso es suficiente"
«Είναι ευγενικός και καλός και αυτό αρκεί»
"¿Por qué me negué a casarme con él?"
«Γιατί αρνήθηκα να τον παντρευτώ;»
"Debería estar feliz con el monstruo"
«Θα έπρεπε να είμαι χαρούμενος με το τέρας»
"Mira los maridos de mis hermanas"
«Κοίτα τους άντρες των αδερφών μου»
"ni el ingenio ni la belleza los hacen buenos"

"Ούτε η πνευματώδης, ούτε το να είσαι όμορφος τους κάνει καλούς"
"Ninguno de sus maridos las hace felices"
"κανένας από τους συζύγους τους δεν τους κάνει ευτυχισμένους"
"pero virtud, dulzura de carácter y paciencia"
«αλλά η αρετή, η γλυκύτητα της ιδιοσυγκρασίας και η υπομονή»
"Estas cosas hacen feliz a una mujer"
«Αυτά τα πράγματα κάνουν μια γυναίκα ευτυχισμένη»
"y la bestia tiene todas estas valiosas cualidades"
"και το θηρίο έχει όλες αυτές τις πολύτιμες ιδιότητες"
"Es cierto; no siento la ternura del afecto por él"
"Είναι αλήθεια, δεν νιώθω την τρυφερότητα της στοργής για αυτόν"
"Pero encuentro que tengo la más alta gratitud por él"
«Αλλά θεωρώ ότι του τρέφω τη μεγαλύτερη ευγνωμοσύνη»
"y tengo por él la más alta estima"
«Και τον εκτιμώ πολύ»
"y él es mi mejor amigo"
«Και είναι ο καλύτερός μου φίλος»
"No lo haré miserable"
«Δεν θα τον κάνω μίζερο»
"Si fuera tan desagradecido nunca me lo perdonaría"
«Αν ήμουν τόσο αχάριστος δεν θα συγχωρούσα ποτέ τον εαυτό μου»
Bella puso su anillo sobre la mesa.
η ομορφιά έβαλε το δαχτυλίδι της στο τραπέζι
y ella se fue a la cama otra vez
και πήγε ξανά στο κρεβάτι
Apenas estaba en la cama cuando se quedó dormida.
ήταν σπάνια στο κρεβάτι πριν την πάρει ο ύπνος
Ella se despertó de nuevo a la mañana siguiente.
ξύπνησε ξανά το επόμενο πρωί
Y ella estaba muy contenta de encontrarse en el palacio de la bestia.

και ήταν πολύ χαρούμενη που βρέθηκε στο παλάτι του θηρίου
Ella se puso uno de sus vestidos más bonitos para complacerlo.
φόρεσε ένα από τα ωραιότερα φορέματά της για να τον ευχαριστήσει
y ella esperó pacientemente la tarde
και περίμενε υπομονετικά το βράδυ
llegó la hora deseada
ήρθε η πολυπόθητη ώρα
El reloj dio las nueve, pero ninguna bestia apareció
το ρολόι χτύπησε εννιά, αλλά κανένα θηρίο δεν εμφανίστηκε
Bella entonces temió haber sido la causa de su muerte.
τότε η ομορφιά φοβήθηκε ότι ήταν η αιτία του θανάτου του
Ella corrió llorando por todo el palacio.
έτρεξε κλαίγοντας σε όλο το παλάτι
Después de haberlo buscado por todas partes, recordó su sueño.
αφού τον αναζήτησε παντού, θυμήθηκε το όνειρό της
y ella corrió hacia el canal en el jardín
και έτρεξε στο κανάλι του κήπου
Allí encontró a la pobre bestia tendida.
εκεί βρήκε το καημένο θηρίο απλωμένο
y estaba segura de que lo había matado
και ήταν σίγουρη ότι τον είχε σκοτώσει
Ella se arrojó sobre él sin ningún temor.
πετάχτηκε πάνω του χωρίς κανένα φόβο
Su corazón todavía latía
η καρδιά του χτυπούσε ακόμα
Ella fue a buscar un poco de agua al canal.
πήρε λίγο νερό από το κανάλι
y derramó el agua sobre su cabeza
και του έριξε το νερό στο κεφάλι
La bestia abrió los ojos y le habló a Bella.
το θηρίο άνοιξε τα μάτια του και μίλησε στην ομορφιά

"Olvidaste tu promesa"
«Ξέχασες την υπόσχεσή σου»
"Me rompió el corazón haberte perdido"
«Ήμουν τόσο ραγισμένη που σε έχασα»
"Resolví morirme de hambre"
«Αποφάσισα να λιμοκτονήσω»
"pero tengo la felicidad de verte una vez más"
"αλλά έχω την ευτυχία να σε ξαναδώ"
"Así tengo el placer de morir satisfecho"
"Έτσι έχω τη χαρά να πεθάνω ικανοποιημένος"
"No, querida bestia", dijo Bella, "no debes morir".
«Όχι, αγαπητό κτήνος», είπε η καλλονή, «δεν πρέπει να πεθάνεις»
"Vive para ser mi marido"
«Ζήσε για να γίνεις άντρας μου»
"Desde este momento te doy mi mano"
"Από αυτή τη στιγμή σου δίνω το χέρι μου"
"Y juro no ser nadie más que tuyo"
"και ορκίζομαι να μην είμαι άλλος παρά δικός σου"
"¡Ay! Creí que sólo tenía una amistad para ti"
"Αλίμονο! Νόμιζα ότι είχα μόνο μια φιλία για σένα"
"Pero el dolor que ahora siento me convence;"
«Αλλά η θλίψη που νιώθω τώρα με πείθει•»
"No puedo vivir sin ti"
"Δεν μπορώ να ζήσω χωρίς εσένα"
Bella apenas había dicho estas palabras cuando vio una luz.
η ομορφιά σπάνια είχε πει αυτά τα λόγια όταν είδε ένα φως
El palacio brillaba con luz
το παλάτι άστραφτε από φως
Los fuegos artificiales iluminaron el cielo
πυροτεχνήματα φώτισαν τον ουρανό
y el aire se llenó de música
και ο αέρας γέμισε μουσική
Todo daba aviso de algún gran acontecimiento
όλα έδιναν ειδοποίηση για κάποιο σπουδαίο γεγονός
Pero nada podía captar su atención.

αλλά τίποτα δεν μπορούσε να κρατήσει την προσοχή της
Ella se volvió hacia su querida bestia.
στράφηκε στο αγαπημένο της θηρίο
La bestia por la que ella temblaba de miedo
το θηρίο για το οποίο έτρεμε από φόβο
¡Pero su sorpresa fue grande por lo que vio!
αλλά η έκπληξή της ήταν μεγάλη με αυτό που είδε!
La bestia había desaparecido
το θηρίο είχε εξαφανιστεί
En cambio, vio al príncipe más encantador.
αντίθετα είδε τον ωραιότερο πρίγκιπα
Ella había puesto fin al hechizo.
είχε βάλει τέλος στο ξόρκι
Un hechizo bajo el cual se parecía a una bestia.
ένα ξόρκι κάτω από το οποίο έμοιαζε με θηρίο
Este príncipe era digno de toda su atención.
αυτός ο πρίγκιπας άξιζε όλη της την προσοχή
Pero no pudo evitar preguntar dónde estaba la bestia.
αλλά δεν μπορούσε να μην ρωτήσει πού ήταν το θηρίο
"Lo ves a tus pies", dijo el príncipe.
«Τον βλέπεις στα πόδια σου», είπε ο πρίγκιπας
"Un hada malvada me había condenado"
«Μια κακή νεράιδα με είχε καταδικάσει»
"Debía permanecer en esa forma hasta que una hermosa princesa aceptara casarse conmigo"
«Έπρεπε να παραμείνω σε αυτή τη φόρμα μέχρι που μια όμορφη πριγκίπισσα συμφώνησε να με παντρευτεί»
"El hada ocultó mi entendimiento"
"Η νεράιδα έκρυψε την κατανόησή μου"
"Fuiste el único lo suficientemente generoso como para quedar encantado con la bondad de mi temperamento"
"Ήσουν ο μόνος αρκετά γενναιόδωρος που σε γοητεύει η καλοσύνη της ιδιοσυγκρασίας μου"
Bella quedó felizmente sorprendida
η ομορφιά ξαφνιάστηκε ευτυχώς
Y le dio la mano al príncipe encantador.

και έδωσε το χέρι της στον γοητευτικό πρίγκιπα
Entraron juntos al castillo
πήγαν μαζί στο κάστρο
Y Bella se alegró mucho al encontrar a su padre en el castillo.
και η ομορφιά χάρηκε που βρήκε τον πατέρα της στο κάστρο
y toda su familia estaba allí también
και όλη η οικογένειά της ήταν επίσης εκεί
Incluso Bella dama que apareció en su sueño estaba allí.
ακόμη και η όμορφη κυρία που εμφανίστηκε στο όνειρό της ήταν εκεί
"Belleza", dijo la dama del sueño.
«Ομορφιά», είπε η κυρία από το όνειρο
"ven y recibe tu recompensa"
"έλα να λάβεις την ανταμοιβή σου"
"Has preferido la virtud al ingenio o la apariencia"
"προτιμάς την αρετή από την εξυπνάδα ή την εμφάνιση"
"Y tú mereces a alguien en quien se unan estas cualidades"
"και σου αξίζει κάποιος στον οποίο ενώνονται αυτές οι ιδιότητες"
"vas a ser una gran reina"
"θα γίνεις μεγάλη βασίλισσα"
"Espero que el trono no disminuya vuestra virtud"
«Ελπίζω ότι ο θρόνος δεν θα μειώσει την αρετή σου»
Entonces el hada se volvió hacia las dos hermanas.
τότε η νεράιδα στράφηκε προς τις δύο αδερφές
"He visto dentro de vuestros corazones"
«Έχω δει μέσα στις καρδιές σου»
"Y sé toda la malicia que contienen vuestros corazones"
"Και ξέρω όλη την κακία που περιέχει η καρδιά σου"
"Ustedes dos se convertirán en estatuas"
"Εσείς οι δύο θα γίνετε αγάλματα"
"pero mantendréis vuestras mentes"
"αλλά θα έχεις το μυαλό σου"
"estarás a las puertas del palacio de tu hermana"
«Θα σταθείς στις πύλες του παλατιού της αδερφής σου»

"La felicidad de tu hermana será tu castigo"
"Η ευτυχία της αδερφής σου θα είναι η τιμωρία σου"
"No podréis volver a vuestros antiguos estados"
"Δεν θα μπορέσεις να επιστρέψεις στις προηγούμενες πολιτείες σου"
"A menos que ambos admitan sus errores"
"εκτός αν παραδεχτείτε και οι δύο τα λάθη σας"
"Pero preveo que siempre permaneceréis como estatuas"
"αλλά προβλέπω ότι θα παραμείνετε πάντα αγάλματα"
"El orgullo, la ira, la gula y la ociosidad a veces se vencen"
«Η υπερηφάνεια, ο θυμός, η λαιμαργία και η αδράνεια μερικές φορές κατακτώνται»
" pero la conversión de las mentes envidiosas y maliciosas son milagros"
" Αλλά η μεταστροφή των φθονερών και κακόβουλων μυαλών είναι θαύματα"
Inmediatamente el hada dio un golpe con su varita.
αμέσως η νεράιδα έδωσε ένα εγκεφαλικό με το ραβδί της
Y en un momento todos los que estaban en el salón fueron transportados.
και σε μια στιγμή μεταφέρθηκαν όλα όσα ήταν στην αίθουσα
Habían entrado en los dominios del príncipe.
είχαν πάει στα κτήματα του πρίγκιπα
Los súbditos del príncipe lo recibieron con alegría.
οι υπήκοοι του πρίγκιπα τον δέχτηκαν με χαρά
El sacerdote casó a Bella y la bestia
ο ιερέας παντρεύτηκε την ομορφιά και το θηρίο
y vivió con ella muchos años
και έζησε μαζί της πολλά χρόνια
y su felicidad era completa
και η ευτυχία τους ήταν πλήρης
porque su felicidad estaba fundada en la virtud
γιατί η ευτυχία τους θεμελιώθηκε στην αρετή
El fin / Το Τέλος
www.tranzlaty.com

www.ingramcontent.com/pod-product-compliance
Lightning Source LLC
Chambersburg PA
CBHW011553070526
44585CB00023B/2584